Mandy Franke

Anwendung des Jugendstrafrechts auf Heranwachsende

§105 JGG

GRIN Verlag

Bibliografische Information der Deutschen Nationalbibliothek:

Die Deutsche Bibliothek verzeichnet diese Publikation in der Deutschen National-
bibliografie; detaillierte bibliografische Daten sind im Internet über http://dnb.d-
nb.de/ abrufbar.

Impressum:

Copyright © 2014 GRIN Verlag GmbH
Druck und Bindung: Books on Demand GmbH, Norderstedt Germany
ISBN: 978-3-656-82321-6

Dieses Buch bei GRIN:

http://www.grin.com/de/e-book/282813/anwendung-des-jugendstrafrechts-auf-
heranwachsende

GRIN - Your knowledge has value

Der GRIN Verlag publiziert seit 1998 wissenschaftliche Arbeiten von Studenten, Hochschullehrern und anderen Akademikern als eBook und gedrucktes Buch. Die Verlagswebsite www.grin.com ist die ideale Plattform zur Veröffentlichung von Hausarbeiten, Abschlussarbeiten, wissenschaftlichen Aufsätzen, Dissertationen und Fachbüchern.

Besuchen Sie uns im Internet:

http://www.grin.com/

http://www.facebook.com/grincom

http://www.twitter.com/grin_com

§ 105 ff. JGG

Anwendung des Jugendstrafrechts auf Heranwachsende

(1) Begeht ein Heranwachsender eine Verfehlung, die nach den allgemeinen Vorschriften mit Strafe bedroht ist, so wendet der Richter die für einen Jugendlichen geltenden Vorschriften der §§ 4 bis 8, 9 Nr. 1, §§ 10, 11 und 13 bis 32 entsprechend an, wenn

1.
  die Gesamtwürdigung der Persönlichkeit des Täters bei Berücksichtigung auch der Umweltbedingungen ergibt, daß er zur Zeit der Tat nach seiner sittlichen und geistigen Entwicklung noch einem Jugendlichen gleichstand, oder

2.
  es sich nach der Art, den Umständen oder den Beweggründen der Tat um eine Jugendverfehlung handelt.

(2) § 31 Abs. 2 Satz 1, Abs. 3 ist auch dann anzuwenden, wenn der Heranwachsende wegen eines Teils der Straftaten bereits rechtskräftig nach allgemeinem Strafrecht verurteilt worden ist.
(3) Das Höchstmaß der Jugendstrafe für Heranwachsende beträgt zehn Jahre. Handelt es sich bei der Tat um Mord und reicht das Höchstmaß nach Satz 1 wegen der besonderen Schwere der Schuld nicht aus, so ist das Höchstmaß 15 Jahre.

Grundsätzliches

- das JGG legt normativ Altersabschnitte fest; dort soll von Kindern, Jugendl. und Heranwachsenden die strafrechtliche Verantwortlichkeit geprüft werden
- § 105 JGG – ist die zentrale Vorschrift der Heranwachsendenregelung in Dtl. - Heranwachsender: zur Zeit der Tat 18 Jahre, aber noch nicht 21 Jahre alt
- die Entscheidung nach § 105 JGG muss bei allen Verfehlungen Heranwachsender getroffenen werden, die einen Strafbestand des StGB erfüllen
- somit kann ihre „Schuldfähigkeit" nur aus den im allgemeinem Strafrecht anerkannten Gründen nach § 20 StGB ausgeschlossen sein
- maßgeblich ist das Alter zur Zeit der Tat. Keine Rolle spielt, wie alt der Täter zur Zeit des Strafverfahrens oder der gerichtlichen Entscheidung ist. Tatzeit ist gem. §2 Abs.2 JGG die Zeit des Tathandlungsvollzugs
- Verfahren und Zuständigkeit: Materielles Strafrecht: § 105 JGG
  Jugendgerichtsverfassung: §§ 107, 108 JGG
  Strafverfahren: § 109 JGG
  Vollstreckung, Vollzug, Registerrecht: §§ 110, 111 JGG

- zuständig: Jugendstaatsanwalt, Polizei als Ermittlungsbehörde, Jugendgericht §107, 108, 109 JGG
- Bis auf wenige Ausnahmen gelten die Vorschriften über die Jugendgerichtsverfassung (§ 107 JGG); die Zuständigkeit (§ 108 JGG) und das Jugendstrafverfahren (§ 109 JGG) bei Heranwachsenden beschrieben.
-

- Nach § 109 I JGG gelten bestimmte Verfahrensvorschriften des JGG bei Heranwachsenden auch dann, wenn sie nach Erwachsenenstrafrecht abgeurteilt werden.
- unabhängig von der richterlichen Entscheidung entfällt nach § 105 JGG der § 3 JGG (*„strafrechtlich verantwortlich, wenn der Jugendliche zur Zeit der Tat nach seiner sittlichen und geistigen Entwicklung reif genug ist, das Unrecht der Tat einzusehen und nach dieser Einsicht zu handeln..."*)
  → daraus folgt: das Heranwachsende generell und grundsätzlich strafrechtlich verantwortlich sind
- da jedoch die Persönlichkeitsentwicklung auch bei Heranwachsenden (noch) nicht immer voll abgeschlossen ist, hat man sich in § 105 JGG für eine differenzierende Lösung entschieden

Voraussetzungen zur Anwendung von Jugendstrafrecht auf Heranwachsende

- das Jugendstrafrecht wird gemäß § 105 angewendet, wenn nach:

§ 105 Nr. 1 JGG: Reifeverzögerung - der Reifezustand des Täters zur Tatzeit dem eines Jugendlichen vergleichbar ist, vorliegt

Nr 1.: *die Gesamtwürdigung der Persönlichkeit des Täters bei Berücksichtigung auch der Umweltbedingungen ergibt, daß er zur Zeit der Tat nach seiner sittlichen und geistigen Entwicklung noch einem Jugendlichen gleichstand*

- Täter als „unfertiger, noch formbarer Mensch", dessen Persönlichkeitsentwicklung noch nicht abgeschlossen ist, entscheidend ist sittliche oder geistige Entwicklung
- Grundlegend: Marburger Richtlinien (MschrKrim 1955, S. 60 ff.)
- Jugendpsychologen, Jugendpsychiater und Jugendrechtler haben in den "Marburger Richtlinien"einen Katalog mit Kriterien entwickelt, um die sittliche und geistige Entwicklung eines Heranwachsenden zu beurteilen, 1954
- Kriterien sind danach beispielsweise eine konkrete Lebensplanung, die Einstellung zur Arbeit, Bindungsfähigkeit, Verhältnis zu Altersgenossen sowie zu den Eltern, Fähigkeit zu selbständigem Urteilen, Fähigkeit zu selbständigem Entscheiden, Fähigkeit zu zeitlich überschauendem Denken oder die Fähigkeit, Gefühlsurteile rational zu unterbauendie Prüfung erfordert eine umfassende Erforschung und Würdigung der persönlichen Lebensumstände durch die Jugendgerichtshilfe
- 1991versuchte Esser folgendermaßen die Kriterien zu operationalisieren;10 Reifekriterien: er hat somit versucht die Marburger Richtlinien zu bündeln und zu überprüfen; beispielsweise gibt es folgende Mm: realistische Lebensplanung
  Eigenständigkeit gegenüber der Eltern
  realistische Alltagsbewältigung
  Bindungsfähigkeit; Integration Eros und Sexus
  konsistente, berechenbare Stimmungslage
- für jedes Mm werden vier versch. Reifestufen kindlich, jugendlich, heranwachsend und erwachsen definiert......mit dieser Skala lassen sich somit Entwicklungsverzögerungen unter Gesamtberücksichtigung der Persönlichkeit nachweisen → trotzdem wenig Anwendung in der Gutachtenpraxis
- Gründe dafür: die Subsumption bei § 105 Abs 1 Nr. 1 JGG ist schwierig, da es problematisch ist dabei schematisch vorzugehen, sowie die Aktualität der Richtlinien denn die damals getroffenen Kategorisierungen treffen auf heutige Heranwachsende und Jugendliche wohl auch nur begrenzt zu.
-

- positiv: Solche Check-Listen (habe ich im Anhang) mit möglichen Merkmalen sind aber hilfreich, was man in einer entsprechenden Prüfung evtl. argumentieren könnte
- das in der Praxis vor den Jugendgerichten bedeutsamste Merkmal ist sicherlich die Frage, wie der Heranwachsende seine Lebensplanung im Griff hat, also ob er zielstrebig und gewissenhaft eine Berufsausbildung verfolgt oder ob er lustlos in den Tag hineinlebt und den Ernst der Aufgabe sich eine eigene Lebensgrundlage zu schaffen möglicherweise noch gar nicht begriffen hat.

Exkurs: anderes System:

> Busch (2006) entwickelte einen Satz von Items zur Beurteilung der Reifeentwicklung
>
> Bsp.: Autonomie: eigener Hausstand ---ist positiv
> Emotionalität und Impulsivität: starke Experimenierfreude— negativ
> → wenig Anwendung

oder

§ 105 JGG Nr. 2: Jugendverfehlung

- Tat als Eindruck einer jugendtümlichen Verhaltensweise oder wenn sie Ausdruck der typisch jugendlichen Lebenssituation ist; sie ist nicht auf den Täter, sonder auf die Tat abzustellen
  → somit entsprechen die Beweggründe der Tat den Antriebskräften einer jugentümlichen Entwicklung:
- Beispiele aus der Rechtssprechung dafür sind beispielsweise: Imponiergehabe, Mutprobe, Drang zur Selbstbestätigung, Unausgeglichenheit, Neugier, jugendlichem Leichtsinn oder Gruppendruck
  das ist häufig (nicht immer) der Fall bei Diebstählen als "Mutprobe", Drogenkonsum, Fahren ohne Fahrerlaubnis oder Autorennen
- Charakteristische jugendtümliche Züge können hingegen sein:
  Ungenügende Ausformung der Persönlichkeit
  Hilflosigkeit, die sich nicht selten hinter Trotz und Arroganz versteckt,
  Naiv-vertrauensfähiges Verhalten, leben dem Augenblick, starke Anlehnungsbedürftigkeit, spielerische Einstellung zur Arbeit, Neigung zu Tagträumen, Hang zu abenteuerlichem Handeln, hineinleben in selbstwerterhöhende Rollen, mangelnder Anschluss an Altersgenossen

Exkurs:

- Eine Jugendverfehlung ist grundsätzlich auch bei Gewalttaten Heranwachsender denkbar.
- Jugendliche Unreife kann sich insbesondere in einem "Mangel an Ausgeglichenheit, Besonnenheit und Hemmungsvermögen" ausdrücken (BGH 5 StR 375/07 vom 25.09.2007)
- Verallgemeinerung nicht möglich sein. Der zitierte Fall betrifft eine erstmalige Gewalttat innerhalb häuslicher Gemeinschaft

Wie wird nun eigentlich vorgegangen bei der Reifebeurteilung nach § 105 JGG?

Prozessmodell der Beurteilung der strafrechtlichen Entwicklungsreife nach Busch/ Dahle
- Schritt I

Analsyse der sozialen und familiären Ausgangssituation, entwicklungskriminologische Besonderheiten, Ausgangspunkte und Verläufe dissozialer Einstellungs- und Verhaltensmuster, deviante soziale Einflüsse, Risikofaktoren und Schutzfaktoren

- Schritt II

Analyse der Defizite und Kompetenzen zum Tatzeitpunkt, Einflüsse durch Verführungen, soziale Verhaltenserwartungen, Provokatiotion, innerer Bedürfnisse

- Schritt III

Identifikation der Tatbeweggründe (Bsp. Mutprobe etc.), situative Einflüsse (Bsp. Gruppendynamik) und sonstige Tathintergründe (mangelnder Situationsüberblick)

Was für Konsequenzen ergeben sich nun aus § 105 Nr. 1 und Nr. 2 JGG?

- es handelt sich somit in jedem Einzelfall um eine Entscheidung, die entweder an Hand der Persönlichkeit des Täters oder an Hand der Charakteristika der Tat getroffen werden muss
- gleicht der Heranwachsende in seiner Person oder seinem Handeln noch eher einem Jugendlichen soll mit den Mitteln des Jugendstrafrechts erzieherisch auf ihn eingewirkt werden
- **bei Anwendung von Jugendstrafrecht**

- Jugendstrafe bis zu zehn Jahren ist möglich; Höchststrafe Der Bundesrat hat am 06.07.2012 dem Gesetz zur Erweiterung der jugendgerichtlichen Handlungsmöglichkeiten (Drucksache: 350/12) zugestimmt. In Jugendstrafsachen wird damit in § 16a Jugendgerichtsgesetz (JGG) die Möglichkeit zur Verhängung eines Jugendarrests neben einer zur Bewährung ausgesetzten Jugendstrafe (Warnschussarrest) eingeführt. Gleichzeitig wird das Höchstmaß der Jugendstrafe für Heranwachsende von 10 Jahren auf 15 Jahre erhöht (§ 105 Abs. 3 S. 2 JGG
(§ 105 Abs. 3 JGG)
- Erziehungsbeistandschaft und Heimerziehung düfen nicht angeordnet werden, da der Beschuldigte volljährig ist.
- Privatklagen und Nebenklagen gegen Heranwachsende sind zulässig (vgl. §§ 109, 112 JGG).
- liegen die Voraussetzungen von § 105 Abs. 1 Nr. 1 oder 2 vor, dann werden die Rechtsfolgen der §§ 4-8, 9 Nr.1, 10, 11 und 13 bis 32 angewendet
Beispielsweise:
- § 4: rechtliche Einordnung der Tat – in Verbrechen oder Vergehen
§ 5: deutlicher Unterschied JGG und StGB: im StGB Strafe festgelegt..bsp. Geldstrafe, Freiheitsstrafe und ist an den erfüllten Straftatbestand gekoppelt ABER beim JGG die Folgen der Jugenstraftat unabhängig vom Straftatbestand verhängt; denn dieser ist lediglich „Anlass" zur Sanktionierung → somit Auswahl an Erziehungsmaßregeln, Zuchtmitteln oder Jugendstrafe
- Das Jugendstrafverfahren ist wesentlich anders gestaltet als das allgemeine Strafverfahren:
- So sollen nur erzieherisch befähigte und in der Jugenderziehung erfahrene Jugendrichter und Jugendstaatsanwälte eingesetzt werden. Da es sich bei dieser Regelung jedoch - wie der Wortlaut schon verrät - nicht um eine zwingende Vorschrift handelt, entspricht die Wirklichkeit nicht immer dem Willen des Gesetzgebers.
- Im gesamten Verfahren, insbesondere in der Hauptverhandlung, ist die Jugendgerichtshilfe (in Sozialarbeit und Sozialpädagogik geschultes Fachpersonal des Jugendamtes sowie Vereinigungen der Jugendhilfe) heranzuziehen. Sie soll möglichst frühzeitig beteiligt werden, um die Persönlichkeit des Jugendlichen zu ergründen, und sie soll zu den

Maßnahmen Stellung beziehen, die das Gericht ergreifen will. Bei Heranwachsenden gibt die Jugendgerichtshilfe ihre Empfehlung darüber ab, ob das Jugendstrafrecht angewandt werden soll.

- Die Eltern und gesetzlichen Vertreter haben ein weitgehendes Mitwirkungsrecht.
- Die Hauptverhandlung ist grundsätzlich nicht öffentlich, um jugendliche Angeklagte zu schützen.
- die Untersuchungshaft ist nur beschränkt zulässig und soll möglichst durch andere Maßnahmen ersetzt werden.
- die Pflichtverteidigung ist ausgeweitet; insbesondere muss für Jugendliche - hier bis zum vollendeten 18. Lebensjahr - bei Untersuchungshaft ein Verteidiger oder eine Verteidigerin bestellt werden.
- die Rechtsmittelmöglichkeiten sind im Jugendstrafverfahren reduziert, um das Verfahren zu einem schnellen Abschluss zu bringen.
- Sanktionen in Form von Erziehungsmaßnahmen und Zuchtmitteln werden nicht in das Zentralregister und dementsprechend nicht in das Führungszeugnis aufgenommen; sie werden in ein so genanntes Erziehungsregister eingetragen.
- Der Vollzug der Jugendstrafe erfolgt in gesonderten Anstalten und soll jugendspezifisch gestaltet sein. Die Entlassung auf Bewährung ist frühzeitig möglich.

- Verneint das Gericht die Voraussetzungen des § 105 Abs. 1 JGG, so bedarf dies einer detaillierten Darlegung. Die festgestellten Tatsachen und die daraus gezogenen Schlussfolgerungen sind anzugeben. Es muss erkennbar sein, dass die Ermittlungsmöglichkeiten zu § 105 Abs. 1 JGG ausgeschöpft wurden
- ist der Heranwachsende bereits gefestigter (so dass eine erzieherische Maßnahme ohnehin nicht erfolgversprechend wäre), bestraft man ihn grundsätzlich nach den allgemeinen Regeln des StGB

- **bei Anwendung von Erwachsenenstrafrecht**

- Sanktionierung nach StGB; mögliche Strafmilderung nach §106 JGG insbesondere lebenslange Freiheitsstrafe vermeidbar, stattdessen KANN das Gericht Freiheitsstrafe von 10-15 Jahren verhängen

- denn selbst bei schweren Straftaten soll die Wiedereingliederung des Heranwachsenden dem Sühneaspekt untergeordnet sein, dagegen sind Strafbefehle gegen Heranwachsende zulässig

Besonderheiten:

- Wenn nach Ausschöpfung aller Möglichkeiten Zweifel verbleiben und die Voraussetzungen des § 105 Abs. 1 JGG nicht sicher festgestellt werden, kommt wegen des Grundsatzes "*in dubio pro reo*" Jugendstrafrecht zur Anwendung

- Verfahrensrechtlich ist zu beachten, dass Heranwachsende, unabhängig von der Verurteilung nach Jugend- oder Erwachsenenrecht, stets vor den Jugendgerichten angeklagt werden
- Insgesamt ist also zu bemerken, dass auch wenn § 105 JGG zu bejahen ist, das JGG nicht in vollem Umfang auf Heranwachsende anzuwenden ist, sondern einige Vorschriften von der entsprechenden Anwendung ausdrücklich ausgenommen sind.

- Besonderheit bei Ahndung mehrerer Straftaten in verschiedenen Alters- und Reifestufen:
  1. Grundsatz: bei mehreren Taten (= Realkonkurrenz) ergibt sich nach § 31 JGG bei Jugendlichen eine Einheitsstrafe
  2. Bei mehreren Taten, die teilweise nach Jugendstrafrecht, teilweise nach Erwachsenenstrafrecht zu beurteilen sind, gilt § 3 JGG : einheitlich Beurteilung danach, bei welchen Taten der Schwerpunkt liegt

3. Ist der Täter wegen einer nach Erwachsenenstrafrecht zu beurteilenden Straftat bereits verurteilt, das Urteil aber noch nicht vollstreckt worden, und wird er nun wegen einer Tat, die er als Jugendlicher oder als Heranwachsender, der nach Jugendstrafrecht zu beurteilen ist, angeklagt, so wird auch hieraus eine Einheitsstrafe gebildet und zwar eine solche nach dem Jugendstrafrecht.

- **Probleme und Kritik bei der Beurteilung der Reife:**

- die Rechtssprechung zu § 105 JGG weist Widersprüche auf
- man hat versucht fehlende Kriterien durch abstrakte Aussagen zu ersetzen, die jedoch wiederum dazu zwingen unsichere Kriterie anzusetzen
- somit wären Entscheidungen unzureichend begründet oder mit allgemeinen Wendungen aus dem Gesetzestext begründet
  RA Ulrich Gawlitza, *13.11.2008 (http://blog.beck.de/2008/02/09/zur-diskussion-gestellt-reformvorschlage-zum-jugendstrafrecht)*
  „Leider weiß ich noch aus meiner zwar schon etwas zurückliegenden Praxis als Sitzungsvertreter der Staatsanwaltschaft, dass hier praktisch keinerlei Abwägung vorgenommen wird, ob der Täter oder die Täterin entsprechend geistig entwickelt ist. Es wird in praktisch jeder Jugendstrafsache ein "vorformuliertes Sprüchlein" beim Plädoyer aufgesagt und regelmäßig Jugendstrafrecht bei Heranwachsenden angewendet. Das ist zumindest im OLG-Bezirk Saarbrücken meist so gewesen."

- auch bei (2) Jugendverfehlung: sind die aufgestellten Kriterien schwer greifbar
- beide Punkte lassen sich auch nicht trennen: da Jugendverfehlung sich mit einem bestimmten Entwicklungsstadium beschäftigt, kann somit eine Verknüpfung mit Entwicklungsständen wie nach Nr. 2 nicht ausgeschlossen werden
- Bereits auf dem 10. Jugendgerichtstag 1956, also nur drei Jahre nach Einführung des § 105 JGG, wurde auf die ungleiche Anwendung des Jugendstrafrechts bei verschieden, sogar benachbarten Gerichten (AG Oldenburg: in 92% der Verfahren Jugendstrafrecht; AG Hannover: in 4% der Verfahren Jugendstrafrecht) hingewiesen
- Seither wurden in zahlreichen (allerdings älteren) Darstellungen dokumentiert, dass die Anwendungsquote zwischen 20% und 80% schwankt
- neben diesen richterspezifischen Besonderheiten sind auch regional differenzierende Anwendungsquoten feststellbar. So konnte im Jahre 2003 bei einer gesamtdeutschen Anwendungsquote von 61,6% in den einzelnen Bundesländern eine Schwankungsbreite von 91,4% (Schleswig-Holstein) und 33,1% (Brandenburg) verzeichnet werden.
- Es gibt in dem Zusammenhang auch Befunde dahingehend, dass eine Bestrafung von Jugendlichen im Erwachsenensystem bei gleicher Ausgangslage zu höheren Rezidivraten führt (Fagan, J.: The comparative advantage of juvenile versus criminal court sanctions on recidivism among adolescent offenders. Law and Policy 1996, S. 77.)
- es ist trotz der zuvor aufgeführten Befunde einzuräumen, dass die entwicklungspsychologische Forschung insbesondere zur Spätadoleszenz und zum frühen Erwachsenenalter noch größere Lücken aufweist, als dies für die forensisch relevanten Bereiche der Adoleszenzforschung im Hinblick auf den § 3 JGG gilt
- Pluralisierung und Individualisierung der Lebensverhältnisse führen außerdem dazu, dass die Entwicklungsverläufe beim Übergang ins Erwachsenenalter sehr unterschiedlich sind
- Vor diesem Hintergrund ist es verständlich, dass es keine empirischen Befunde über den „normal" oder „durchschnittlich" entwickelten Jugendlichen und Heranwachsenden geben kann.
- Ergänzende Perspektiven zu diesen entwicklungspsychologischen Überlegungen bieten soziologische und kriminologische Befunde und Theorien. Zu nennen ist hier insbesondere die Anomietheorie von Merton (delinquentes Verhalten als Folge der Diskrepanz

zwischen gesellschaftlich definierten Standards und angestrebten Zielen wie Wohlstand und Konsummöglichkeiten, aber auch allgemein dem Streben nach Anerkennung und sozialer Teilhabe einerseits und den tatsächlich für Adoleszente verfügbaren Mitteln, diese Ziele legal zu erreichen

- Adoleszenz geht heute bis ins dritte Lebensjahrzehnt auch kann durch durch soziale Desintegration gekennzeichnet sein(geringere verbindliche Einbindung in traditionelle und identitätsstiftende Milieus)
- weder Rechtssprechung noch Literatur haben in den letzten 60 Jahren eine einheitliche und bestimmte Auslegung der Kriterien erreicht → immer wieder zu Diskrepanzen zwischen der Einschätzung der strafrechtlich relevanten Reife und der zivilrechtlichen Volljährigkeit

Rechtspraxis

- nach wie vor die überwiegende Zahl der Heranwachsenden werden nach Jugendstrafrecht verurteilt
- Insbesondere in der Schwer- und Schwerstkriminalität wird auf Heranwachsende in der Praxis ganz überwiegend Jugendstrafrecht angewendet
-
- Bei leichteren Delikten liegen die Prozentsätze tendenziell etwas niedriger →
- dies hat vor allem mit pragmatischen Erwägungen zu tun: im Erwachsenenstrafrecht können nämlich kleinere Delikte per Strafbefehl erledigt werden, was im Jugendstrafrecht nicht möglich ist (gegen Heranwachsende (18 bis 20 Jahre) ist ein Strafbefehl, dessen Rechtsfolge eine Freiheitsstrafe ist, nicht zulässig (vgl. §§ 79, 80, 109 JGG). Gegen sie darf ein Strafbefehl nur dann erlassen werden, wenn das allgemeine Strafrecht anzuwenden ist (§ 109 Abs. 2, § 79 Abs. 1 JGG), Zuständig ist der Jugendrichter
- Dies ermöglicht eine ökonomische Erledigung des Verfahrens, was speziell bei Verkehrsdelikten möglicherweise auch im Interesse des Heranwachsenden liegt
- in der Praxis ist eine gewisse Alterstendenz festzustellen, wonach mit fortschreitender Annäherung an die vom Gesetzgeber normativ gesetzte Altersgrenze tendenziell die Frage der Anwendung von Jugendstrafrecht kritischer gesehen wird

Weiterführende Literatur:

- Gerade in den medienwirksamen Fällen der Schwerkriminalität kommen Heranwachsende in der öffentlichen Wahrnehmung mit Jugendstrafrecht häufig scheinbar unangemessen günstig davon.
Deshalb gibt es Forderungen, Heranwachsende nach allgemeinem Strafrecht abzuurteilen.
- Auf der anderen Seite gibt es Stimmen, die Heranwachsende immer nach Jugendstrafrecht aburteilen wollen, oder aber besondere Regelungen für Jungtäter schaffen wollen
- Eine vermittelnde Lösung sind Strafmilderungen im Erwachsenenstrafrecht für Jungtäter.

Vertiefende Ausführungen zu beiden Positionen finden sich einerseits bei:

- Dr. Roger Kusch, "Plädoyer für die Abschaffung des Jugendstrafrechts" in: NStZ 2006, 65ff.
Dr. Heribert Ostendorf: "Gegen die Abschaffung des Jugendstrafrechts oder seiner Essentialia"in: NStZ 2006, 320 ff. zum Volltext des Aufsatzes über die Website von Prof. Dr. Ostendorf

pro Reifeverzögerung	contra Reifeverzögerung
Auffälligkeiten in der sittlichen und geistigen Entwicklung	
ADHS-Erkrankung	
legasthenische Verständnislücken	
eingeschränkte sprachliche Ausdrucksfähigkeit	
schlechte schulische oder berufliche Leistungen	
nicht abgeschlossene schulische oder berufliche Ausbildung	abgeschlossene schulische oder berufliche Ausbildung
fehlende berufliche Integration/Arbeitslosigkeit	
körperliche Frühreife	
erzieherisch-psychische Defekte	
fehlende Lebensplanung	realistische, langfristige Lebensplanung
Tagträume	
Hineinleben in selbstwerterhöhende Rollen	
kein Anschluss an Altersgenossen	gleichaltrige Freunde
ungenügende Ausformung der Persönlichkeit	
mangelnde Einstellung zur Arbeit	verantwortungsbewusste Einstellung zur Arbeit
keine selbstständige Urteilsfindung	Fähigkeit zu selbstständigem Urteilen und Entscheiden
Leben im Augenblick	Fähigkeit zu zeitlich überschauendem Denken
Vorherrschen der Gefühlswelt	Fähigkeit, Gefühlsurteile rational zu unterbauen
starkes Anlehnungsbedürfnis	Eigenständigkeit im Verhältnis zu Eltern, Gleichaltrigen und Partnern
Hang zu abenteuerlichen Handlungen	
Mangel an Ausgeglichenheit; fehlende Beherrschung und Unterdrückung von Wut und Zorn	konsistente, berechenbare Stimmungslage
Mangel an Besonnenheit	
falsch verstandene Freundschaft	
Widerstand gegen jede Autorität	
Suche nach neuen, meist bedingungslos anerkannten Vorbildern	
Mangel an Hemmungsvermögen	
finanzielle Abhängigkeit von Dritten	
wohnungsmäßige Abhängigkeit von Dritten	„eigene" Wohnung
Beginn der Straffälligkeit schon als Kind oder Jugendlicher	
problematische Familienverhältnisse in den entscheidenden Entwicklungsjahren	
Alkoholismus	
früher bzw massiver Drogenkonsum	
frühes Verlassen des Elternhauses	
aussteigerähnlicher Lebensstil	
sexuelles Suchtverhalten	Integration von Eros und Sexus
Leben in mehr oder weniger totalen Institutionen/ Hospitalisierungsschäden	
Randgruppenzugehörigkeit	
Rechts- oder linksextremistische Gewalttaten	
	Bindungsfähigkeit
frühe Eheschließung	Eheschließung in sittlicher Verantwortung
Kulturkonflikte zwischen familiären Werten und den Anforderungen der deutschen Umwelt	

pro Jugendverfehlung	contra Jugendverfehlung
	Untreuedelikte
	Hehlereidelikte
	Urkundenfälschungen
Unüberlegtheit bzw Impulsivität	
Leichtsinn	
Lockung einer plötzlichen Versuchung	
Mangel an Ausgeglichenheit	
Mangel an Besonnenheit	
Mangel an Hemmungsvermögen bzw Beherrschung	
Geltungsbedürfnis	
Drang zur Selbstbestätigung	
Gruppendelinquenz bzw erhöhte Anpassungs- bzw Gehorsamsbereitschaft	
Straßenverkehrsdelikte	
Diebstahlstaten	
Sexualdelikte	
Delikte aus technischem Interesse	
Gewaltakte	
Sammeln von Zeitungsausschnitten über die eigene Tat	

Befunde

- Entwicklungspsychologische Befunde zeigen, dass Heranwachsende speziell in für die Begehung von Straftaten relevanten Persönlichkeitsmerkmalen in der Regel noch nicht mit Erwachsenen gleichzustellen sind
- Dies gilt besonders für deprivierte, sozial randständige und schulisch erfolglose Heranwachsende. Eine relevante Abhängigkeitserkrankung führt meist zu einer ganz erheblichen Entwicklungsretardierung, oft zu einem zeitweisen Stillstand der Entwicklung.
- Impulssteuerungsfunktionen reifen erst in der zweiten Hälfte des dritten Lebensjahrzehnts aus. Jugendliche und Heranwachsende sind insbesondere im Kontext eines Gruppengeschehens in dieser Hinsicht als besonderes vulnerabel anzusehen.
- Die Beurteilung des Reifegrades ist aufgrund der Komplexität des zugrunde liegenden Geschehens und der zu berücksichtigenden Entwicklungsbereiche schlecht operationalisierbar. Nach wie vor liefern in der Praxis jedoch die „Marburger Richtlinien" brauchbare Anhaltspunkte.
- Für Verkehrsdelikte sollte eine spezielle Regelung geschaffen werden, um diese auch bei Jugendlichen und Heranwachsenden gegebenenfalls per Strafbefehl erledigen zu können.
- Wir sollten keinesfalls den Primat des Erziehungsgedankens des Jugendgerichtsgesetzes zur Disposition stellen lassen. Zugleich sollte man sich bewusst sein, dass auch im Jugendgerichtsverfahren faktisch konkurrierende Ziele eine Rolle spielen, insbesondere die wichtige Funktion der Strafjustiz, das menschlich durchaus verständliche Rachebedürfnis der Bevölkerung in geordnete rechtsstaatliche Bahnen zu lenken

Tabelle 1: Anteil der nach Jugendstrafrecht verurteilten Heranwachsenden nach ausgewählten Deliktsarten[46]

Delikt	Verurteilungen nach JGG in %		
	1985	2001	2006
Mord, Totschlag	98	93	81
Raub, Erpressung	96	97	97
Sexualdelikte insges	82	85	84
Vergewaltigung (2001 incl. sexuelle Nötigung)	88	95	
Diebstahl, Unterschlagung	83	73	76
Diebstahl ohne erschwerende Umstände	77	68	
Diebstahl unter erschwerenden Umständen	92	90	
Betrug	59	56	
Einfache Körperverletzung	72	76	84
Gefährliche Körperverletzung	83	91	
BtM-Delikte insgesamt	81	78	
Einfache Verstöße gegen das BtMG	78	75	
Schwere Verstöße gegen das BtMG	92	94	
Straßenverkehrsdelikte	42	41	44
Verstöße gegen das Ausländergesetz	14	20	
Straftaten insgesamt	62	62	64

---

[46] Quelle: Statistisches Bundesamt, Arbeitsunterlage Strafverfolgung; Günter, M. Strafrechtliche Begutachtung von Jugendlichen und Heranwachsenden. In Foerster, K./Dreßing, K. (Hrsg.) Psychiatrische Begutachtung München 2009, S. 697 - 730; Dünkel, F. (o. Fn. 10); Ostendorf, H. (o. Fn. 63); Heinz, W (o. Fn. 45).

Tabelle 2: Reifemerkmale von Heranwachsenden (modifiziert nach Esser[47])

- Realistische Lebensplanung vs. Leben im Augenblick
- Eigenständigkeit gegenüber den Eltern vs. starkes Anlehnungsbedürfnis und Hilflosigkeit
- Ernsthafte vs. spielerische Einstellung gegenüber Arbeit und Schule
- Äußerer Eindruck (Gesamteindruck, Gesicht, Figur Größe)
- Realistische Alltagsbewältigung vs. Tagträume, abenteuerliches Handeln, Hineinleben in Selbstwert erhöhende Rollen
- Gleichaltrige oder ältere vs. überwiegend jüngere Freunde
- Bindungsfähigkeit vs. Labilität in den mitmenschlichen Beziehungen oder Bindungsschwäche
- Integration von Eros und Sexus (Aufrechterhaltung intimer Beziehungen über längere Zeit)
- Konsistente berechenbare Stimmungslage vs. jugendliche Stimmungswechsel ohne adäquaten Anlass

---

[47] O. Fn. 55

Quellen:

BGH MDR 53, 694; Eisenberg § 105 Rn. 46; Ostendorf § 105 Rn. 9

BGH NStZ 84, 467; Eisenberg § 105 Rn. 11

Esser/ Fritz/ Schmidt: „Die Beurteilung der sittlichen Reife Heranwachsender im Sinne des §105 JGG - Versuch einer Operationatlisierung" in: MSchrKrim 74, 1991

Günter, Prof. Dr. med.Michael: Forensische Psychiatrie, Psychologische Kriminologie: Der § 105 JGG: Entwicklungspsychologische Erkenntnisse und gutachterliche Praxis,Volume 2, Issue 3, pp 169-197, 2008

Meier/ Rössner/ Schöch-Meier: Jugendstrafrecht, 3., überarbeitete Auflage, Verlag C.H. Beck, 2013

OLG Hamm StV 01, 182; auch nicht ausreichend ist der pauschale Verweis auf den in der Hauptverhandlung gewonnenen persönlichen Eindruck und den - inhaltlich im Urteil nicht wiedergegebenen - Bericht der Jugendgerichtshilfe; OLG Celle NStZ-RR 2012, 321

Pruin, Ineke Regina: Die Heranwachsendenregelung im deutschen Jugendstrafrecht: jugendkriminologische, entwicklungspsychologische, jugendsoziologische und rechtsvergleichende Aspekte, Forum-Verlag Godesberg, 2007

Remschmidt, Helmut: Tötungs- und Gewaltdelikte junger Menschen: Ursachen, Begutachtung, Prognose, Springer Verlag, 2012

http://www.jugendstrafrecht.de/heranwachsende.php   Stand 30.05.2014

http://www.jurawiki.de/JugendStrafRecht/Heranwachsende   Stand: 30.05.2014

http://sfbb.berlin-brandenburg.de/sixcms/media.php/bb2.a.5723.de/20131011_Bliesener_Reifebeurteilung_Straftäter.pdf

     Stand: 01.04.2014